AF108026

www.ingramcontent.com/pod-product-compliance
Lightning Source LLC
LaVergne TN
LVHW010419070526
838199LV00064B/5349
* 9 7 8 9 3 5 8 7 2 8 6 4 4 *

سنت کا مقام

ابو عدنان محمد منیر قمر

(عبد العزیز بن عبد اللہ بن بازؒ کی تالیف کا اردو ترجمہ)

© Abu Adnan Mohd Muneer Qamar

Sunnat ka Maqaam

by: Abu Adnan Mohd Muneer Qamar

Edition: July '2023

Publisher & Printer:

Taemeer Publications (Hyderabad, India)

ISBN 978-93-5872-864-4

9 789358 728644

مصنف یا ناشر کی پیشگی اجازت کے بغیر اس کتاب کا کوئی بھی حصہ کسی بھی شکل میں بشمول ویب سائٹ پر
اَپ لوڈنگ کے لیے استعمال نہ کیا جائے۔ نیز اس کتاب پر کسی بھی قسم کے تنازع کو نمٹانے کا اختیار
صرف حیدرآباد (تلنگانہ) کی عدلیہ کو ہو گا۔

©ابوعدنان محمد منیر قمر

کتاب	:	**سنت کا مقام**
مصنف	:	**ابوعدنان محمد منیر قمر**
صنف	:	مذہب
ناشر	:	تعمیر پبلی کیشنز (حیدرآباد، انڈیا)
سالِ اشاعت	:	۲۰۲۳ء
صفحات	:	۴۰
سرورق ڈیزائن	:	تعمیر ویب ڈیزائن

ترتیب

نمبر شمار	مضمون	صفحہ نمبر
	فہرستِ مضامین	3
	تقدیم	4
	گفتنی	7
۱	مآخذ ومصادرِ شریعت	9
۲	مأخذِ اول: قرآنِ کریم	10
۳	مأخذِ ثانی: سنّتِ رسول ﷺ (حدیث)	12
۴	حجّیتِ حدیث کے دلائل	12
۵	کتاب اللہ میں۔	13
۶	حدیث نبوی ﷺ میں۔	17
۷	فتنۂ انکارِ حدیث (حاشیہ)	19
۸	وجوبُ العمل بالسّنہ (بالحدیث)	23
۹	آثارِ صحابہ رضی اللہ عنہم کی روشنی میں	23
۱۰	آثارِ تابعین وآئمہ کی روشنی میں	28
۱۱	الغرض	36

بسم اللہ الرحمٰن الرحیم

تقدیم

اِنَّ الْحَمْدَ لِلّٰہِ،وَالصَّلوٰۃُ وَالسَّلَامُ عَلٰی رَسُوْلِ اللّٰہِ،

اَمَّا بَعْدُ:

قارئینِ کرام! اسلام علیکم ورحمۃ اللہ وبرکاتہٗ

یہ رسالہ جس میں حدیث وسنّت کے واجب العمل ہونے کے دلائل قرآن وسنت سے پیش کیئے گئے ہیں۔ یہ ہر مسلمان جانتا ہے کہ سنت کے بغیر دین نامکمل ہے جس طرح اللہ تعالیٰ نے قرآنِ مجید کی حفاظت اپنے ذمے لی ہے، ایسے ہی اللہ تعالیٰ نے حدیث وسنّت کی بھی حفاظت فرمائی ہے۔

اگر حدیث نہ ہوتو قرآن مجید کی بہت سی آیات کا مفہوم سمجھ میں نہیں آسکتا۔ جیسے نماز، روزہ، حج اورزکوٰۃ وغیرہ کے مسائل واحکام ہیں اسی طرح ہی باقی سب مسائل ہیں جنہیں

حدیثِ شریف نے بیان کیا ہے۔مثلاً ایک آدمی کا ایک وقت میں پھوپھی اور بھتیجی، خالہ اور بھانجی کا نکاح میں رکھنا ناجائز ہے، حالانکہ اس کو قرآنِ مجید نے بیان نہیں کیا۔

ہر مسلمان کا ایمان ہے کہ رسول اللہ ﷺ دین کے معاملہ میں اپنی طرف سے بالکل کچھ نہیں فرماتے تھے بلکہ آپ ﷺ پر ہر دینی معاملہ میں وحی نازل ہوتی تھی، جیسا کہ اللہ تعالیٰ نے فرمایا:

﴿وَمَا يَنۡطِقُ عَنِ الۡهَوٰى۔اِنۡ هُوَاِلَّا وَحۡیٌ يُّوۡحٰى﴾

''اور نہ وہ اپنی خواہش سے کوئی بات کہتے ہیں۔وہ تو صرف وحی ہے جو اتاری جاتی ہے۔''

حافظ ابن کثیر مقدمہ تفسیر میں لکھتے ہیں:

((وَالسُّـنَّةُ تَنۡزِلُ عَلَيۡهِ بِالۡوَحۡیِ كَمَا يَنۡزِلُ الۡقُرۡآنُ اِلَّا اَنَّهَا لَا تُتۡلٰى كَمَا يُتۡلٰى الۡقُرۡآنُ))

''سنت بھی منزّل من اللہ ہے، قرآن کی طرح، صرف قرآن کی طرح سنت کی تلاوت نہیں کی جاتی۔''

اسی لیئے اللہ تعالیٰ نے بار بار قرآن میں حکم فرمایا ہے:

﴿اَطِيۡعُوا اللّٰهَ وَاَطِيۡعُوا الرَّسُوۡلَ﴾

''اللہ کی اطاعت کرو اور اس کے رسول ﷺ کی اطاعت کرو۔''

دوسری جگہ فرمایا:

﴿وَمَا اٰتَاكُمُ الرَّسُوۡلُ فَخُذُوۡهُ وَمَا نَهَاكُمۡ عَنۡهُ فَانۡتَهُوۡا﴾

''جس کا حکم تمہیں رسول (ﷺ) دیں اس پر عمل کرو اور جس سے روکیں رُک جاؤ۔''

اس سے ثابت ہوا کہ سنّت ایک اہم اور بنیادی مصدرِ شریعت اور واجب العمل ہے، اور اس کا انکار کفر ہے۔

ہم اپنے محترم مولانا محمد منیر قمر کے مشکور ہیں کہ انہوں نے اِس اہم رسالے کو اُردو قالب میں ڈھال کر بہت سے اُردو داں حضرات کے لیئے یہ کام آسان کر دیا کہ انھیں اپنی زبان میں پڑھ کر ان پر عمل پیرا ہو سکیں۔ جَزَاهُمُ اللّٰهُ خَيْراً

حافظ محمد اسلم

مبلّغ مرکز الدعوۃ والارشاد بالفجیرۃ مقیم الشارقہ

(الامارات العربیۃ المتحدہ)

گفتنی

مفتیٔ عالمِ اسلام سماحۃ الشیخ علاّمہ عبدالعزیز بن عبداللہ ابن باز رحمہ اللہ کے قلم ریخ سے نکلے ہوئے ایک اہم ترین مقالے کا اردو ترجمہ آپ کے ہاتھوں میں ہے۔

یہ مقالہ (مقامِ سنّت) حجّیتِ حدیث اور تعظیم سنّت سے متعلق ہے۔اس مقالے کی اہمیت اردو دان طبقہ کے لیئے اور بھی زیادہ ہے کیونکہ برّ صغیر میں فتنہ انکارِ حدیث کے کل پُرزے بڑے زور وشور سے مصروفِ عمل ہیں جنکا سرغنہ پرویز احمد تھا، جو اپنے افکارِ باطلہ کی اشاعت اور حدیث وسنتِ رسول اللہ ﷺ پر رکیک حملے کرنے اور کیچڑ اچھالنے کے لیئے لاہور سے اپنا آرگن ہفت روزہ ''طلوعِ اسلام'' نکالتا رہا ہے جو کہ اب بھی نکل رہا ہے۔

اس مقالے کو بخوبی سمجھ لینے کے بعد کوئی شخص بھی ان منکرین حدیث کے دائرہ فسوں اوران کے بچھائے ہوئے دامِ ہمرنگِ زمین میں نہیں پھنس سکتا۔

موجودہ دور میں اس رسالے کی اہمیت اس اعتبار سے اور بھی بڑھ گئی ہے کہ آج کل منکرینِ حدیث (عبداللہ چکڑالوی، پرویز احمد، پروفیسر رفیع اللہ شہاب وغیرہ) کے علاوہ بڑے بڑے جبہ ودستار والے اور عباؤں وقباؤں میں ملبوس ''اہلسنت'' کہلوانے والوں نے بھی

تحریکِ عمل بالحدیث کے خلاف ایک محاذ قائم کرلیا ہے اور وہ لوگوں کو یہ باور کروانے پر تُلے ہوئے ہیں کہ حدیث (نعوذ باللہ) آگ ہے اور حدیث (نعوذ باللہ) شیطان کے کسی انڈے بچے کا نام ہے۔وغیرہ وغیرہ۔حدیث سے لوگوں کو متنفر کرکے دوکانیں چلانے کا یہ گھناؤنا انداز آج سے پہلے شاید کسی بھی دور میں نہیں اپنایا گیا ہوگا۔اگر کسی کو اس رویے پر شک ہوتو برِّصغیر میں اپنے ''کاروبار'' کو سہارا دینے کی کوشش سے متعلقہ تقریروں کے کیسٹ مہیّا کئے جاسکتے ہیں جو بڑی بڑی کانفرنسوں میں کی گئیں۔

الادارۃ الاسلامیہ کے مدیر مولانا حافظ محمّد اسلم صاحب رکن سعودی اسلامک مشن برائے متحدہ عرب امارات، مرکز الفجیرہ) کی مساعی جمیلہ لائق صد تحسین وتبریک ہیں کہ وہ اِن اور ایسے ہی بعض دیگر اہم مقالات ورسالہ جات کی طباعت واشاعت کا اہتمام کرتے رہتے ہیں۔

فَجَزَاهُ اللّٰهُ فِي الدَّارَيْنِ وَوَفَّقَنَا وَاِيَّاهُ لِمَافِيْهِ خَيْرُالْمُسْلِمِيْنَ

والسلام علیکم ورحمۃ اللہ وبرکاتہٗ

ابوعدنان محمد منیر قمر نواب الدین
(سابق) مترجم محکمہ شرعیہ، ام القیوین (U.A.E)
ترجمان سپریم کورٹ، الخبر
وداعیہ متعاون، مراکزِ دعوت وارشاد
الدمام، الظہران، الخبر (سعودی عرب)

متحدہ عرب امارت
۱۴/شوال/ ۱۴۰۲ھ
۷/ اگست ۱۹۸۲ء

بسم اللہ الرحمٰن الرحیم

اَلْحَمْدُ لِلّٰهِ رَبِّ الْعَالَمِيْنَ وَالْعَاقِبَةُ لِلْمُتَّقِيْنَ وَلَا عُدْوَانَ اِلَّا عَلَى الظَّالِمِيْنَ وَاَشْهَدُ اَنْ لَّا اِلٰهَ اِلَّا اللّٰهُ وَحْدَهٗ لَا شَرِيْكَ لَهٗ اِلٰهُ الْاَوَّلِيْنَ وَالْآخِرِيْنَ وَقَيُّوْمُ السَّمٰوٰتِ وَالْاَرَضِيْنَ، وَ اَشْهَدُ اَنَّ مُحَمَّداً عَبْدُهٗ وَرَسُوْلُهٗ وَخَلِيْلُهٗ وَاَمِيْنُهٗ عَلٰى وَحْيِهٖ اَرْسَلَهٗ اِلَى النَّاسِ كَافَّةً بَشِيْراً وَّنَذِيْراً وَّدَاعِياً اِلَى اللّٰهِ بِاِذْنِهٖ وَسِرَاجاً مُّنِيْراً صَلَّى اللّٰهُ عَلَيْهِ وَعَلٰى آلِهٖ وَاَصْحَابِهٖ الَّذِيْنَ سَارُوْا عَلٰى طَرِيْقَتِهٖ فِى الدَّعْوَةِ اِلٰى سَبِيْلِهٖ وَصَبَرُوْا عَلٰى ذَالِكَ وَجَاهَدُوْا فِيْهِ حَتّٰى اَظْهَرَ اللّٰهُ بِهِمْ دِيْنَهٗ وَاَعْلٰى كَلِمَتَهٗ وَلَوْكَرِهَ الْمُشْرِكُوْنَ وَسَلَّمَهٗ تَسْلِيْماً كَثِيْراً اَمَّا بَعْدُ:

مآخذ ومصادرِ شریعت:

① تمام قدیم وجدید علماءِ کرام کا س بات پر کلّی اتفاق ہے کہ مسائل واحکام کے اِثبات اور حلال وحرام کے بیان پر مشتمل معتبر اصول وقواعد کتابُ اللہ (قرآنِ پاک) میں ہیں، جس کے پس وپیش میں باطل کے آنے کا گمان بھی نہیں کیا جا سکتا، جیسا کہ ارشادِ الٰہی ہے:

﴿لَا يَاْتِيْهِ الْبَاطِلُ مِنْ بَيْنِ يَدَيْهِ وَلَا مِنْ خَلْفِهٖ﴾

(سورۃ حٰمٓ السجدہ: ۴۲)

”جس کے پاس باطل پھٹک بھی نہیں سکتا، نہ اسکے آگے سے، نہ اسکے پیچھے سے۔“

② دوسرے درجے پر رسول اللہ ﷺ کی سنّت ہے۔ جو اپنی مرضی سے تو بولتے ہی نہیں اور جو کچھ فرماتے ہیں وہ وحی الٰہی پر مبنی ہوتا ہے، جیسا کہ ارشادِ الٰہی ہے:

﴿وَمَا يَنطِقُ عَنِ الْهَوَىٰ ٥ إِنْ هُوَ إِلَّا وَحْيٌ يُوحَىٰ﴾

(سورۃ النجم: ۳۔۴)

''اور نہ وہ اپنی خواہش سے کوئی بات کہتے ہیں، وہ تو صرف وحی ہے جو اتاری جاتی ہے۔''

③ ان کے بعد تیسرے نمبر پر اجماعِ علماءِ اُمّت کا درجہ ہے۔

④ دیگر تمام مآخذ ومصادرِ شریعت میں علماءِ کرام کا اختلاف ہے، جن میں سے اہم ترین ماخذ ومصدر ''قیاس'' ہے۔ اور جمہور اہلِ علم کے نزدیک قیاس اگر تمام معتبر شرائط کو پورا کررہا ہو تو وہ بھی حجّت ہے۔ اِن اصولِ اربعہ کی حُجّیت کے دلائل کی تعداد حصر واحاطہ اور عدد وشمار سے بڑھ کر ہے، اور وہ اتنے مشہور ہیں کہ محتاجِ بیان نہیں ہیں۔

مأخذِ اوّل ❖ قرآنِ کریم:

شریعتِ اسلامیہ کا سب سے پہلا مأخذ ومصدر اللہ کی کتاب قرآنِ پاک ہے۔ اور کتاب اللہ کے کئی مقامات پر اللہ رب العزّت کا کلام اس کتاب کی اتّباع، اس سے تمسّک اور اس کی حدود کا پاس کرنے کے وجوب پر دال ہے۔ چنانچہ ارشادِ الٰہی ہے:

﴿اِتَّبِعُوْا مَا أُنزِلَ إِلَيْكُم مِّن رَّبِّكُمْ وَلَا تَتَّبِعُوا مِن دُونِهِ أَوْلِيَاءَ قَلِيلًا مَّا تَذَكَّرُونَ ٥﴾ (سورۃ الاعراف: ۳)

''تمہاری طرف جو تمہارے رب کی طرف سے اتارا گیا، اس کی اتّباع کرو، اور اس کے سوا دوسرے دوستوں کی پیروی مت کرو۔ تم بہت تھوڑی سی نصیحت پکڑتے ہو۔''

اور فرمانِ باری تعالیٰ ہے:

﴿وَهَٰذَا كِتَابٌ أَنزَلْنَاهُ مُبَارَكٌ فَاتَّبِعُوهُ وَاتَّقُوا لَعَلَّكُمْ

تُرۡحَمُوۡنَ○﴾ (سورة الانعام:۱۵۵)

''یہ کتاب ہم نے برکت والی نازل کی ہے۔اس کی اتّباع کرواور اللہ سے ڈروتا کہ تم پر رحم کیا جائے۔''

اورارشادِ ربّانی ہے:

﴿قَدۡ جَآءَكُمۡ مِّنَ اللّٰهِ نُوۡرٌ وَّكِتَابٌ مُّبِيۡنٌ يَهۡدِيۡ بِهِ اللّٰهُ مَنِ اتَّبَعَ رِضۡوَانَهٗ سُبُلَ السَّلَامِ وَيُخۡرِجُهُمۡ مِّنَ الظُّلُمَاتِ اِلَى النُّوۡرِ بِاِذۡنِهٖ وَيَهۡدِيۡهِمۡ اِلٰى صِرَاطٍ مُّسۡتَقِيۡمٍ○﴾ (سورة المائده:۱۶)

''تمہاری طرف اللہ کے ہاں سے نور اور روشن وواضح کتاب آئی ہے۔اللہ تعالیٰ اُس کے ساتھ ان لوگوں کو ہدایت دیتا ہے،سلامتی کی راہوں کی جو اس کی رضامندی کی پیروی کرتے ہیں۔اور انہیں اپنے حکم کے ساتھ تاریکیوں سے روشنی کی طرف نکالتا ہے اور انکی صراطِ مستقیم کی طرف راہنمائی کرتا ہے۔''

اورفرمانِ الٰہی ہے:

﴿اِنَّ الَّذِيۡنَ كَفَرُوۡا بِالذِّكۡرِ لَمَّا جَآءَهُمۡ وَاِنَّهٗ لَكِتَابٌ عَزِيۡزٌ ○ لَا يَاۡتِيۡهِ الۡبَاطِلُ مِنۡۢ بَيۡنِ يَدَيۡهِ وَلَا مِنۡ خَلۡفِهٖ تَنۡزِيۡلٌ مِّنۡ حَكِيۡمٍ حَمِيۡدٍ○﴾ (سورة حٰمٓ السجده:۴۱-۴۲)

''بے شک وہ لوگ جنہوں نے ذکر (قران) کے ساتھ کفر کیا،جبکہ وہ ان کے پاس آ گیا اور وہ (ذکر) بڑی عزّت ووقعت والی کتاب ہے۔اس کے پاس آگے یا پیچھے کسی طرف سے بھی باطل نہیں آتا۔وہ حکمتوں والے اورخوبیوں والے اللہ کی اتاری ہوئی ہے۔''

اور اللہ تعالیٰ کا ارشادِ حقیقت بنیاد ہے کہ اے میرے نبی (ﷺ)! کہہ دیجئے:

﴿وَاُوْحِیَ اِلَیَّ هٰذَا الْقُرْآنُ لِاُنْذِرَكُمْ بِهٖ وَمَنْۢ بَلَغَ﴾

(سورة الانعام:۱۹)

''اور میری طرف یہ قرآن وحی کیا گیا ہے تا کہ میں اِس کے ساتھ تمہیں ڈراؤں اوران لوگوں کوبھی جن تک یہ پہنچے۔''

اوررب کائنات کا فرمانِ گرامی ہے:

﴿هٰذَا بَلَاغٌ لِّلنَّاسِ وَلِيُنْذَرُوْا بِهٖ﴾ (سورة ابراهيم:۵۲)

''یہ لوگوں کو پہنچانے کے لیئے (پیغامِ الٰہی) ہے، تا کہ اس کے ساتھ وہ ڈرائے جائیں۔''

مذکورہ بالا ارشاداتِ الٰہیّہ کے علاوہ بھی اس موضوع ومفہوم کی آیات بکثرت ہیں۔

رسول اللہ ﷺ سے صحیح ثابت ایسی احادیث بکثرت ہیں جوتمسّک بالقرآن اور اسے اپنانے کا حکم دیتی ہیں اوراس بات پر دلالت کرتی ہیں کہ جس کسی نے بھی اس قرآن کواپنایا وہ راہِ ہدایت پا گیا اور جس نے اسے پسِ پشت ڈال دیا ،ضلالت وگمراہی اُسکا مقدّر بن گئی۔ایسی احادیث میں سے نبی اکرم ﷺ کا یہ ارشادِ گرامی صحیح وثابت ہے۔جوآپ ﷺ نے خطبہ حجۃ الوداع میں فرمایا:

((اِنِّیْ تَارِكٌ فِیْكُمْ مَالَنْ تَضِلُّوْا اِنِ اعْتَصَمْتُمْ بِهٖ كِتَابُ اللّٰهِ))[1]

''میں تم میں ایسی چیز چھوڑے جارہاہوں کہ اگرتم اسے مضبوطی سے تھامے رہوتو کبھی گمراہ نہیں ہوگے، وہ چیز کتاب اللہ ہے۔''

---

[1] ترمذی کی ایک صحیح سند والی حدیث میں ارشادِ نبوی ﷺ ہے:

((اِنِّیْ تَارِكٌ فِیْكُمْ مَا اِنْ تَمَسَّكْتُمْ بِهٖ لَنْ تَضِلُّوْا بَعْدِیْ،اَحَدُهُمَا اَعْظَمُ مِنَ الْآخَرِ، كِتَابُ اللّٰهِ،حَبْلٌ مَمْدُوْدٌ مِنَ السَّمَآءِ اِلَى الْاَرْضِ وَعِتْرَتِیْ اَهْلَ بَیْتِیْ....الخ))(ترمذی بحوالہ =

اور اسی صحیح مسلم میں ہی روایت ہے۔ حضرت زید بن ارقم رضی اللہ عنہ فرماتے ہیں کہ نبی اکرم صلی اللہ علیہ وسلم نے ارشاد فرمایا:

((اِنِّی تَارِکٌ فِیکُمْ ثَقَلَیْنِ اَوَّلُهُمَا کِتَابُ اللّٰهِ فِیْهِ الْهُدیٰ وَالنُّوْرُ فَخُذُوْا بِکِتَابِ اللّٰهِ وَتَمَسَّکُوْا بِهٖ....)) ۱۸

''میں تم میں دو گراں قدر چیزیں چھوڑے جا رہا ہوں جن میں سے پہلی تو اللہ کی کتاب ہے جس میں ہدایت اور نور ہے، اللہ کی اس کتاب کو مضبوطی سے تھامے رہو اور اسے اپنا ؤ اختیار کرو۔''

اپنے خطبہ میں رسول اللہ صلی اللہ علیہ وسلم نے لوگوں کو تمسّک بِا لکتاب پر ابھارا اور ترغیب دلائی ، پھر فرمایا:

((وَاَهْلُ بَیْتِیْ، اُذَکِّرُکُمُ اللّٰهَ فِیْ اَهْلِ بَیْتِیْ اُذَکِّرُکُمُ اللّٰهَ فِیْ اَهْلِ بَیْتِیْ))

''اور میرے اہل بیت! میں تمھیں اپنے اہلِ بیت کے بارے میں اللہ کیاد دلاتا ہوں۔ میں تمھیں اپنے اہلِ بیت کے بارے میں اللہ کی یاد دلاتا ہوں۔''

= صحیح الجامع ۱/۴۸۲، مشکوٰۃ: ۶۱۴۴)
'میں تمہارے مابین ایسی چیزیں چھوڑے جا رہا ہوں کہ اگر میرے بعد تم نے انھیں مضبوطی سے پکڑے رکھا تو ہرگز گمراہ نہ ہو گے۔ ان میں سے ایک دوسری سے بڑھ کر ہے۔ اللہ کی کتاب (قرآنِ کریم) جو کہ آسمان سے زمین کی طرف لٹکائی گئی ایک رسّی ہے۔ اور میرے رشتہ دار، میرے اہلِ بیت (گھر والے)۔۔۔''

۱۸ ایک صحیح حدیث میں ارشادِ نبوی صلی اللہ علیہ وسلم ہے:
((اِنِّی تَارِکٌ فِیکُمْ خَلِیْفَتَیْنِ: کِتَابَ اللّٰهِ حَبْلٌ مَمْدُوْدٌ مَابَیْنَ السَّمَآءِ وَالْاَرْضِ وَعِتْرَتِیْ اَهْلَ بَیْتِیْ....)) الخ (مسند احمد ومعجم طبرانی بحوالہ صحیح الجامع ۱/۴۸۲)
''میں تمہارے مابین دو خلیفے چھوڑے جا رہا ہوں، ان میں سے ایک تو اللہ کی کتاب (قرآنِ کریم) ہے جو کہ زمین و آسمان کے مابین لٹکائی گئی ایک رسّی ہے اور میرے رشتہ دار، میرے اہل بیت (گھر والے۔۔۔)۔''

اور ایک حدیث میں ہے کہ آپ ﷺ نے قرآنِ پاک کے بارے میں ارشاد فرمایا:

((هُوَ حَبْلُ اللّٰهِ مَنْ تَمَسَّكَ بِهٖ كَانَ عَلَى الْهُدیٰ وَمَنْ تَرَكَهٗ كَانَ عَلَى الضَّلَالِ)) (حدیث)

''یہ اللہ کی رسّی ہے جس نے اس کے ساتھ تمسّک کیا وہ ہدایت والا ہے اور جس نے اسے چھوڑ دیا وہ ضلالت وگمراہی کے گڑھے میں گر گیا۔''

اس مفہوم ومعنیٰ کی احادیث بکثرت ہیں۔

کتاب اللہ اور اس کے ساتھ ساتھ سنتِ رسول ﷺ سے تمسّک اور تمام فیصلہ طلب امور میں انہیں اپنا حَکم ومُنصِف بنانے کے وجوب پر اہلِ علم وایمان صحابۂ کرام رضوان اللہ علیہم اجمعین اور تابعین وتبع تابعین رحمہم اللہ کے اجماع پر کافی وشافی دلائل موجود ہیں۔ البتہ یہاں ان کا ذکر کرنا باعثِ طوالت ہوگا۔

ماٰخذِ ثانی ❖ حدیثِ شریف:

شریعتِ اسلامیہ کے پہلے تین متّفق علیہ مآخذ ومصادر میں سے دوسرا مأخذ رسول اللہ ﷺ کی صحیح وثابت شدہ قولی، فعلی اور تقریری حدیث (سنت) ہے۔ اور رسول اللہ ﷺ کے صحابۂ کرام رضی اللہ عنہم اور ان کے بعد آنے والے لوگوں کا ہمیشہ اس اصلِ اصیل پر ایمان رہا ہے۔ وہ اس سے حُجّت پکڑتے آئے اور اُمت کو اس کی تعلیم دیتے رہے ہیں۔ اس موضوع پر انہوں نے بیشمار کتابیں لکھی ہیں اور اصولِ فقہ ومصطلحات کی کتابوں میں اس کی خوب خوب وضاحت کی ہے اور اس کے دلائل اس قدر بکثرت ہیں کہ انکا حصر واحاطہ کرنا ناممکن ہے۔

حُجّیتِ حدیث کے دلائل:

سنّت وحدیثِ رسول ﷺ کے دوسرا مصدرِ شریعت اور حُجّیت ہونے کے دلائل میں سے کتاب اللہ کی وہ آیات دلالت کناں ہیں، جن میں اللہ تعالیٰ نے نبی اکرم ﷺ کی اتبّاع

واطاعت کا وجوبی حکم دیا ہے۔اور اس حکم کے مخاطب آپﷺ کے اہلِ عصر صحابہ رضی اللہ عنہم، غیر صحابہ اور اُن کے بعد آنے والے سب ہی انسان ہیں، کیونکہ آپﷺ اِن سب کے رسول ہیں۔اور قیامت تک آنے والے سب لوگ آپﷺ کی اتباع واطاعت پر مامور ہیں۔ نیز اس لیئے بھی کہ رسول اللہﷺ ہی کتاب اللہ کے مفسّر اور اس میں پائے جانے والے اجمال کی اپنے قول اور تقریر سے تفصیل بتانے والے ہیں۔

کتابُ اللہ میں:

اگر سنت نہ ہوتی تو مسلمانوں کو نمازوں کی رکعتوں کی تعداد، نماز پڑھنے کے طریقے اور اس میں سے واجب وغیر واجب کا علم نہ ہو پاتا، نہ انہیں روزہ، زکوٰۃ، حج، جہاد،اور امر بالمعروف ونہی عن المنکر کے احکام کی تفصیلات معلوم ہوتیں۔اور نہ ہی ان کو معاملات ومحرّمات کے احکامات اور اُن کے ساتھ واجب کی گئی حدود و تعزیرات کی تفصیلات کا پتہ چل سکتا۔ اس سلسلہ میں وارد ارشاداتِ ربانی میں سے ایک سورۃ آل عمران کی یہ آیت ہے:

﴿اَطِیْعُوا اللّٰہَ وَاَطِیْعُوا الرَّسُوْلَ لَعَلَّکُمْ تُرْحَمُوْنَ ٥﴾

(سورۃ آل عمران: ۱۳۲)

''اللہ اور اس کے رسول(ﷺ) کی اطاعت کرو تا کہ تم رحم کیئے جاؤ۔''

اور سورۃ النسآء میں ارشاد ہے:

﴿اَطِیْعُوا اللّٰہَ وَاَطِیْعُوا الرَّسُوْلَ وَاُولِی الْاَمْرِ مِنْکُمْ فَاِنْ تَنَازَعْتُمْ فِیْ شَیْئٍ فَرُدُّوْہُ اِلَی اللّٰہِ وَالرَّسُوْلِ اِنْ کُنْتُمْ تُؤْمِنُوْنَ بِاللّٰہِ وَالْیَوْمِ الْاٰخِرِ ذٰلِکَ خَیْرٌ وَّاَحْسَنُ تَاْوِیْلًا ٥﴾

(سورۃ النسآء: ۵۹)

''اے ایمان والو! اللہ اور اس کے رسول(ﷺ) کی اطاعت کرو اور

اپنے حکّام کی اور اگر تم کسی چیز میں اختلاف کا شکار ہو جاؤ، تو فیصلہ کے لیۓ اسے اللہ اور اس کے رسول (ﷺ) کی طرف لوٹا دو۔ اگر تم اللہ اور روزِ قیامت پر ایمان رکھتے ہو۔ یہ جزاء میں بہتر اور احسن ہے۔"

اور سورۃ النسآء میں ہی یہ فرمانِ باری تعالیٰ ہے:

﴿وَمَنْ تَوَلّٰى فَمَآ اَرْسَلْنٰكَ عَلَيْهِمْ حَفِيْظًاؕ﴾

(سورۃ النسآء:۸۱)

"اور جس نے روگردانی کی پس ہم نے آپ (ﷺ) کو ان پر نگہبان بنا کر نہیں بھیجا۔"

اگر سنّتِ رسول ﷺ سے محبت نہیں یا (فتنۂ انکارِ حدیث کے پرچارک ،منکرِ حدیث کے بقول) تمام ذخیرۂ حدیث غیر محفوظ ہے تو پھر آپ ﷺ کی اطاعت کیسے ممکن ہے؟ اور کسی متنازع فیہ مسئلہ کو اللہ اور اس کے رسول ﷺ کی عدالت میں کیسے اٹھایا جا سکتا ہے؟ اس طرح تو گویا اللہ نے ہمیں ایک ایسی چیز کی طرف ریفر کیا اور پھیرا ہے جسکا کوئی وجود ہی نہیں۔ اور یہ قول بہت بڑا باطل اور جھوٹ کا پلندا ہے اور اللہ کے ساتھ کفرِ عظیم اور اللہ سے بدظنی کے مترادف ہے۔

اللہ تعالیٰ نے سورۃ النحل میں ارشاد فرمایا ہے:

﴿وَاَنْزَلْنَآ اِلَيْكَ الذِّكْرَ لِتُبَيِّنَ لِلنَّاسِ مَا نُزِّلَ اِلَيْهِمْ وَلَعَلَّهُمْ يَتَفَكَّرُوْنَ﴾ (سورۃ النحل:۴۴)

"اور ہم نے آپ (ﷺ) کی طرف ذکر اتارا تا کہ آپ لوگوں کو وہ چیز واضح کر کے سمجھائیں جو ان کی طرف نازل کی گئی تا کہ وہ تفکّر و تدبّر کریں۔"

اور اسی سورۃ میں ہی فرمانِ گرامی ہے:

﴿وَمَآ اَرْسَلْنَا اِلَيْكَ الْكِتَابَ اِلَّا لِتُبَيِّنَ لَهُمُ الَّذِي اخْتَلَفُوْا فِيْهِ وَهُدًى وَّرَحْمَةً لِّقَوْمٍ يُّؤْمِنُوْنَ٥﴾ (سورۃ النحل:٦٤)

''نہیں اتاری ہم نے تمہاری طرف یہ کتاب سوائے اس کے کہ آپ (ﷺ) لوگوں کے لیئے ان امور کو بیان کریں جن میں وہ اختلاف کا شکار ہوئے، وہ کتاب اہلِ ایمان قوم کے لیئے سرچشمۂ ہدایت اور منبعِ رحمت ہے۔''

اگر سنّتِ رسول ﷺ کا کوئی وجود ہی نہیں ہے، یا وہ حُجت نہیں تو پھر اللہ تعالیٰ مسلمانوں پر نازل کیئے گئے قرآن اور احکام کی وضاحت کرنا اپنے رسول ﷺ کے ذمّے کیونکر لگا رہا ہے؟

ایسے ہی سورۃ النور میں ارشادِ باری تعالیٰ ہے:

﴿قُلْ اَطِيْعُوا اللّٰهَ وَاَطِيْعُوا الرَّسُوْلَ فَاِنْ تَوَلَّوْا فَاِنَّمَا عَلَيْهِ مَا حُمِّلَ وَعَلَيْكُمْ مَا حُمِّلْتُمْ وَاِنْ تُطِيْعُوْهُ تَهْتَدُوْا وَمَا عَلَى الرَّسُوْلِ اِلَّا الْبَلَاغُ الْمُبِيْنُ٥﴾ (سورۃ النّور:٥٤)

''کہہ دیجیئے کہ اللہ اور اُس کے رسول (ﷺ) کی اطاعت کرو اور اگر تم پھر جاؤ تو آپ (ﷺ) کے ذمّے وہی ہے جو آپ (ﷺ) اٹھوائے گئے۔ اور تم لوگوں کے ذمّے وہ ہے جو تم اٹھوائے گئے ہو۔ اور اگر آپ (ﷺ) کی اطاعت کرو تو ہدایت پاؤ گے اور نہیں ہے رسول ﷺ پر سوائے ظاہر پہنچا دینے کے۔''

اور اِسی سورۃ النّور میں دوسری جگہ فرمایا:

﴿وَاَقِيْمُوا الصَّلٰوةَ وَاٰتُوا الزَّكٰوةَ وَاَطِيْعُوا الرَّسُوْلَ لَعَلَّكُمْ

تُرۡحَمُوۡنَ﴿ (سورۃ النّور: ۵۶)

''اور نماز قائم کرو اور زکوٰۃ ادا کرو اور رسول (ﷺ) کی اطاعت کرو تا کہ تم رحم کیے جاؤ۔''

اور سورۃ الاعراف میں فرمانِ الٰہی ہے:

﴿قُلۡ یٰۤاَیُّهَا النَّاسُ اِنِّیۡ رَسُوۡلُ اللّٰهِ اِلَیۡكُمۡ جَمِیۡعاً الَّذِیۡ لَهٗ مُلۡكُ السَّمٰوٰتِ وَالۡاَرۡضِ لَاۤ اِلٰهَ اِلَّا هُوَ یُحۡیٖ وَیُمِیۡتُ فَاٰمِنُوۡا بِاللّٰهِ وَرَسُوۡلِهِ النَّبِیِّ الۡاُمِّیِّ الَّذِیۡ یُؤۡمِنُ بِاللّٰهِ وَكَلِمٰتِهٖ وَاتَّبِعُوۡهُ لَعَلَّكُمۡ تَهۡتَدُوۡنَ﴿ (سورہ الاعراف:۱۵۸)

''(اے میرے پیغمبر!) کہہ دیجیے کہ میں تمہاری طرف اُس اللہ کا رسول ہوں جس کے لیے ارض وسماء کی بادشاہت ہے۔اس کے سوا کوئی معبود نہیں، وہ جلاتا اور مارتا ہے۔پس تم اللہ اور اس کے رسول ونبیٔ امّی (ﷺ) پر ایمان لاؤ۔وہ نبی جو اللہ اور اس کے کلمات پر ایمان رکھتا ہے،اُس کی اطاعت کرو تا کہ تم ہدایت پاؤ۔''

ان مذکورہ آیات میں اس بات پر واضح دلالت موجود ہے کہ ہدایت ورحمت کا دارومدار نبی اکرم ﷺ کی اتبّاع واطاعت پر ہے۔اور آپ ﷺ کی سنّت پر عمل پیرا ہوئے بغیر یا (منکرینِ حدیث کے بقول) یہ کہتے ہوئے کہ ''سنّت کی صحت مشکوک ومعدوم ہے'' یا یہ کہ ''اس پر اعتماد نہیں کیا جا سکتا'' اس طرح نبی ﷺ کی اتبّاع واطاعت کیسے ممکن ہے؟

جب کہ سورۃ النّور میں اللہ تبارک وتعالیٰ کا ارشاد ہے:

﴿فَلۡیَحۡذَرِ الَّذِیۡنَ یُخَالِفُوۡنَ عَنۡ اَمۡرِهٖۤ اَنۡ تُصِیۡبَهُمۡ فِتۡنَةٌ اَوۡ یُصِیۡبَهُمۡ عَذَابٌ اَلِیۡمٌ﴿ (سورۃ النّور:۶۳)

''ان لوگوں کو ڈرنا چاہیئے جو نبی (ﷺ) کے حکم کی مخالفت کرتے ہیں کہ انہیں کوئی فتنہ نہ گھیر لے یا وہ دردناک عذاب کا شکار نہ ہو جائیں۔''

اور سورۃ الحشر میں فرمانِ الٰہی ہے:

﴿وَمَا اٰتَاکُمُ الرَّسُوْلُ فَخُذُوْہُ وَمَا نَھَاکُمْ عَنْہُ فَانْتَھُوْا وَاتَّقُوااللّٰہ اِنَّ اللّٰہَ شَدِیْدُ الْعِقَابِo﴾ (سورۃ الحشر:۷)

''رسول اللہ (ﷺ) جو حکم دیں اُسے اپناؤ اور جس چیز سے روکیں اُس سے باز آجاؤ۔ اور اللہ سے ڈرو بیشک اللہ تعالیٰ سخت عقاب وعذاب والا ہے۔''

اِسی معنیٰ ومفہوم کی آیات بکثرت ہیں اور وہ سب بھی نبی ﷺ کی اطاعت اور آپ ﷺ کے لائے ہوئے تمام احکام کی اتّباع کے وجوب پر اُسی طرح دلالت کرتی ہیں جیسا کہ کتاب اللہ کی اتّباع واطاعت، اُس کے ساتھ تمسّک وتعلق اور اُس کے اوامر ونواہی کی اطاعت کے وجوب پر دلائل گزرے ہیں۔ یہ دونوں ماخذ کتاب اللہ اور سنّتِ رسول ﷺ باہم دیگر لازم وملزم ہیں۔ جس نے ان میں سے کسی ایک کا بھی انکار کیا اُس نے دوسرے کا بھی انکار کیا اور اُسے جھٹلایا۔ وہ اہلِ علم وایمان کے نزدیک متفقہ طور پر کفر اور ضلالت وگمراہی پر اور دائرۂ اسلام سے خارج ہے۔

حدیثِ نبوی ﷺ میں:

رسول اللہ ﷺ سے تواتر کی حد تک پہنچی ہوئی بکثرت احادیث موجود ومروی ہیں جو آپ ﷺ کی اطاعت، آپ ﷺ کے لائے ہوئے احکام کی اتّباع اور آپ ﷺ کی معصیّت ونافرمانی کی تحریم کے بارے میں ہیں، یہ احکام زمانۂ نبوت کے لوگوں سے لے کر قیامت تک آنے والے تمام انسانوں کے لیئے ہیں۔ چنانچہ صحیحین میں حضرت ابوہریرہ رضی اللہ عنہ

سے مروی ہے کہ نبی اکرم ﷺ نے ارشاد فرمایا:

((مَنْ اَطَاعَنِیْ فَقَدْ اَطَاعَ اللّٰـهَ وَمَنْ عَصَانِیْ فَقَدْ عَصَی اللّٰهَ)) [19]

''جس نے میری اطاعت کی، اُس نے اللہ کی اطاعت کی اور جس نے میری نافرمانی کی، اُس نے اللہ کی نافرمانی کی۔''

اور صحیح بخاری میں حضرت ابوہریرہ رضی اللہ عنہ سے مروی ہے کہ نبی اکرم ﷺ نے فرمایا:

((کُلُّ اُمَّتِیْ یَدْخُلُوْنَ الْجَنَّةَ اِلَّا مَنْ اَبٰی قِیْلَ: یَا رَسُوْلَ اللّٰهِ! وَمَنْ یَّاْبٰی قَالَ (ﷺ): مَنْ اَطَاعَنِیْ دَخَلَ الْجَنَّةَ وَمَنْ عَصَانِیْ فَقَدْ اَبٰی)) [20]

''میری امت کے تمام لوگ جنت میں جائیں گے سوائے اس کے جس نے انکار کیا۔ کہا گیا یا رسول اللہ ﷺ! انکار کون کرے گا؟ آپ ﷺ نے فرمایا: جس نے میری اطاعت کی وہ جنّت میں داخل ہوگیا اور جس نے میری نافرمانی کی اس نے انکار کیا۔''

امام احمد بن حنبلؒ نے اپنی مسند میں امام ابوداوٗدؒ نے اپنی سنن اور امام حاکمؒ نے اپنی مستدرک میں صحیح اسناد کے ساتھ حضرت مقدام بن معدیکرب رضی اللہ عنہ کی روایت نقل کی ہے۔ وہ رسول اللہ ﷺ سے بیان کرتے ہوئے کہتے ہیں کہ آپ ﷺ نے فرمایا:

((اَلَآ اِنِّیْ اُوْتِیْتُ الْکِتَابَ وَمِثْلَهٗ مَعَهٗ اَلَآ یُوْشِكُ رَجُلٌ شَبْعَانٌ عَلٰی اَرِیْکَتِهٖ یَقُوْلُ: عَلَیْکُمْ بِهٰذَاالْقُرْآنِ فَمَا وَجَدْ تُمْ فِیْهِ مِنْ

---

[19] بخاری، مختصر مسلم: ۱۲۲۳، نسائی، ابن ماجه، مسنداحمد. صحیح الجامع ۱۰۴۴/۲، ارواء الغلیل: ۳۹۴

[20] صحیح بخاری، صحیح الجامع ۸۳۱/۲

حَلَالٍ فَاَحِلُّوْهُ وَمَا وَجَدْتُّمْ فِيْهِ مِنْ حَرَامٍ فَحَرِّمُوْهُ))٢١

خبردار مجھے کتاب (قرآنِ پاک) اور اس کی مثل (حدیث وسنّت) دی گئی ہے۔ خبردار! قریب ہے کہ ایک شکم سیر آدمی آراستہ پاراستہ تخت پر بیٹھا کہے گا: تم اس قرآن کو مضبوطی سے پکڑے رکھو۔ اس میں جو چیز حلال ہے اسے حلال جانو اور جو چیز حرام ہے اسے حرام سمجھو۔''

امام ابوداؤد اور ابن ماجہ نے صحیح سند کے ساتھ روایت نقل کی ہے، حضرت ابن ابی رافع رضی اللہ عنہ اپنے باپ اور وہ نبی اکرم صلی اللہ علیہ وسلم سے بیان کرتے ہیں کہ آپ صلی اللہ علیہ وسلم نے فرمایا:

((لَا اُلْفِيَنَّ اَحَدُكُمْ مُتَّكِئًا عَلٰى اَرِيْكَتِهٖ يَاْتِيْهِ الْاَمْرُ مِنْ اَمْرِيْ مِمَّا اَمَرْتُ بِهٖ اَوْنَهَيْتُ عَنْهُ فَيَقُوْلُ لَانَدْرِيْ مَاوَجَدْنَا فِيْ كِتَابِ اللّٰهِ اِتَّبَعْنَاهُ)) ٢٢

---

٢١ مسند احمد، ابو داؤد، مستدرک حاکم

فتنۂ انکارِ حدیث: یہ اور اس سے اگلی حدیث میں وارد بات نبی اکرم صلی اللہ علیہ وسلم کی پیش گوئیوں میں سے ایک پیش گوئی ہے۔ زبانِ رسالت مآب صلی اللہ علیہ وسلم سے نکلی ہوئی یہ بات ماضی قریب (چودھویں صدی) کے جس شخص پر مِن وعَن پوری اتری وہ برّصغیر میں فتنۂ انکارِ حدیث کا محرّکِ اوّل اور ماہنامہ طلوعِ اسلام (لاہور) والے پرویز احمد کا روحانی پدر عبداللہ چکڑالوی ہے۔ معروف ہے کہ اس نے عین اسی ہیئتِ کذائی میں نبی صلی اللہ علیہ وسلم کی حدیث کا انکار کیا تھا اور مرنے تک مسلمانوں کو سنّتِ رسول صلی اللہ علیہ وسلم سے دور ہٹانے میں کوشاں رہا۔ اسکے بعد اسکی روحانی اولاد (منکرینِ حدیث) اس ''کارِخیر'' میں اپنی ایڑی چوٹی کا زور اور توانائیں صرف کررہے ہیں جنکی زمام پرویز احمد کے ہاتھ میں رہی ہے اور جنکا آرگن وترجمان ماہنامہ ''طلوعِ اسلام'' ہے۔ مسلمانوں کو انکی فسوں کاری اور فتنہ پرداری سے بچ کے رہنا چاہیئے۔ یاد رہے کہ کچھ عرصہ پہلے یہ پرویز احمد اس دنیا سے سدھار گیا ہے۔ اب انکے چیلے چانٹے سرگرمِ عمل ہیں۔ کویت میں انکی کافی تعداد اور سرگرمیاں تیز ہوگئی تھیں۔ بالآخر حال ہی میں کویت کے دارالافتاء نے انکے لٹریچر سے انکے عقائد کے پیش نظر اس گروہ کو کافر قرار دیا ہے۔ (مترجم)

٢٢ ابو داؤد، ترمذی، ابن ماجہ، ابن حبان، مسند احمد، مستدرک حاکم. صحیح الجامع ١٢۴٠/٢، مشکوٰۃ: ١٦٢

’’تم یقیناً ایک آدمی کو اپنے مزیّن و آراستہ تخت پر گاؤ تکیہ سے ٹیک لگائے بیٹھا پاؤ گے،اس کے پاس میرے احکام میں سے کوئی حکم یا میرے منع کردہ امور میں سے کوئی امر آئے گا، وہ کہہ دیگا: ہم کچھ نہیں جانتے ہم نے جو کچھ کتاب اللہ میں پایا اُسی کی ہم نے اتبّاع کرنی ہے۔‘‘

اور حسن بن جابر رضی اللہ عنہ سے صحیح اسناد کے ساتھ مروی ہے،وہ کہتے ہیں کہ میں نے مقدام بن معدیکرب رضی اللہ عنہ کو یہ کہتے ہوئے سنا:

((حَرَّمَ رَسُوْلُ اللّٰهِ صلی اللہ علیہ وسلم یَوْمَ خَیْبَرَ اَشْیَاءَ ثُمَّ قَالَ:یُوْشِكُ اَحَدُکُمْ یُکَذِّبُنِیْ وَهُوَمُتَّکِیٌٔ یُحَدَّثُ بِحَدِیْثِیْ فَیَقُوْلُ: بَیْنَنَا وَبَیْنَکُمْ کِتَابُ اللّٰهِ فَمَا وَجَدْنَا فِیْهِ مِنْ حَلَالٍ اِسْتَحْلَلْنَاهُ وَمَا وَجَدْنَا فِیْهِ مِنْ حَرَامٍ حَرَّمْنَاهُ اَلَآ اِنَّ مَاحَرَّمَ رَسُوْلُ اللّٰهِ صلی اللہ علیہ وسلم مِثْلَ مَا حَرَّمَ اللّٰهُ)) ۲۳

’’رسول اللہ صلی اللہ علیہ وسلم نے غزوۂ خیبر کے دن بعض اشیاء کو حرام قرار دیا پھر فرمایا: قریب ہے کہ تم میں سے کوئی مجھے جھٹلائے ، وہ تکیہ لگائے بیٹھا ہوگا، اسے میری حدیث سنائی جائیگی تو وہ کہے گا: ہمارے مابین کتاب اللہ موجود ہے،اُس میں سے ہم نے جو چیز حلال پائی اسے حلال سمجھا اور جو حرام پائی اسے حرام جانا۔خبردار! رسول اللہ صلی اللہ علیہ وسلم کا حرام کردہ بالکل اُسی طرح ہے جیسے کوئی چیز اللہ کی حرام کردہ ہے۔‘‘

نبی اکرم صلی اللہ علیہ وسلم سے بشکلِ تواتر بکثرت احادیث ملتی ہیں کہ آپ صلی اللہ علیہ وسلم اپنے صحابہ رضی اللہ عنہم کو یہ وصیّت فرمایا کرتے تھے کہ جو یہاں موجود ہیں وہ غیر حاضر و غیر موجود لوگوں کے

---

۲۳ ابوداؤد،مسنداحمد،مستدرک حاکم.صحیح الجامع ۲/ ۱۳۶۰ ،مشکوٰۃ:۱۶۳

پاس جائیں تو میری بات انھیں بھی پہنچائیں۔
اور آپ ﷺ فرمایا کرتے تھے:

((رُبَّ مُبَلَّغٍ اَوْعَىٰ مِنْ سَامِعٍ)) [۲۴]

''اکثر وہ لوگ جن کو بات پہنچائی جاتی ہے وہ اپنے کانوں سننے والوں سے بھی زیادہ یاداشت والے ہوتے ہیں۔''

جیسا کہ صحیحین میں ہے کہ نبی اکرم ﷺ نے حجۃ الوداع کے موقع پر (یومِ عرفہ اور یومِ نحر کو) جو خطبہ دیا، اس میں لوگوں سے فرمایا:

((فَلْيُبَلِّغِ الشَّاهِدُ الْغَائِبَ فَرُبَّ مَنْ يُبَلِّغُهُ اَوْعَىٰ لَهُ مِمَّنْ سَمِعَهُ))

(صحیح بخاری ومسلم)

''جو لوگ حاضر ہیں وہ غیر موجود لوگوں کو میرا پیغام پہنچائیں۔ اکثر وہ لوگ گوش شنیدہ لوگوں سے زیادہ یاداشت والے ہوتے ہیں۔''

اگر آپ ﷺ کی سنّت بلا واسطہ خود اپنے کانوں سے سننے والے اور بالواسطہ سننے والے کے لیئے حُجّت نہ ہوتی اور یہ قیامت تک کے لیئے باقی اور واجبُ العمل نہ ہوتی تو آپ ﷺ اس کی تبلیغ کرنے اور اسے دوسروں تک پہنچانے کا حکم نہ فرماتے۔ اس سے معلوم ہوا کہ جس نے نبی اکرم ﷺ کی زبانِ مقدّس سے بلا واسطہ خود سنا ہو اور وہ شخص جس تک صحیح اسانید کے ساتھ نبی اکرم ﷺ کی سنّت (حدیث) نقل کی گئی ہو۔ ان دونوں طرح کے لوگوں پر سنّت کی حجّت قائم ہوگئی۔

رسول اللہ ﷺ کے صحابہ رضوان اللہ علیہم اجمعین نے آپ ﷺ کی قولی وفعلی سنّت کو خود محفوظ کیا اور وہ اپنے تابعین تک پہنچائی، اور تابعینِ کرامؒ نے اپنے بعد آنے والوں

---

[۲۴] ترمذی، ابن ماجه، مسند احمد. صحیح الجامع ۲/۱۱۴۵، صحیح الترغیب: ۸۹

تک پہنچائی اوراسی طرح ہی ثقہ علماءِ کرام اسے نسل درنسل اورصدی درصدی نقل کرتے آئے ہیں۔اسے اپنی کتابوں میں جمع کیا،اس میں سے صحیح وسقیم کی چھان پھٹک کی اورصحیح وضعیف کی معرفت حاصل کرنے کے لیئے ایسے قواعد وقوانین اورضابطے وضع کیئے جوان کے مابین معروف تھے۔

اہلِ علم نے کتبِ سنّت میں سے صحیحین کو ہاتھوں ہاتھ لیاہےاوراسے پوری طرح یوں محفوظ کرلیا جس طرح اللہ تعالیٰ نے اپنی کتاب قرآنِ کریم کو،کھیل تماشہ بنانے والوں کی دست بُرد،مُلحدین کے الحاداور باطل پردازوں کی تحریف سے بچایا ہوا ہے تا کہ اللہ تعالیٰ کا وہ ارشادِگرامی صادق رہے،جس میں اس نے فرمایا ہے:

﴿اِنَّا نَحۡنُ نَزَّلۡنَا الذِّكۡرَ وَاِنَّا لَهٗ لَحٰـفِظُوۡنَ﴾ (سورۃ الحجر:۹)

’’ہم نے ذکر(قرآنِ پاک) کو اتارا اور ہم ہی اس کی حفاظت کرنے والے ہیں۔‘‘

اوراس میں بھی کوئی شک وشبہہ نہیں کہ سنّتِ رسول ﷺ بھی **مُنَزَّلَ مِنَ اللّٰہ** وحی ہے۔اللہ تعالیٰ نے اس کوبھی اُسی طرح محفوظ رکھا جیسے اپنی کتاب کی حفاظت فرمائی۔

سنّت کی حفاظت کے لیئے اللہ تعالیٰ نے نقّاد علماءِ کرام منتخب فرمائے جواس سے باطل پردازوں کی تحریف اور جہالتِ جہلاء کی نفی کرتے ہیں،اورمُلحدوں،کذّابوں اور جاہلوں نے سنّتِ نبویہ **علیٰ صاحبہا افضل الصّلوات واتمّ التّسلیم** پر جوکیچڑ اچھالنا چاہا وہ ان کا دفاع کرتے ہیں۔کیونکہ اللہ تعالیٰ نے سنّت کواپنی کتاب قرآنِ کریم کی تفسیر اوراس کے مجمل احکام کی تفصیل بنایا ہے۔اورکئی نئے احکام بھی اس میں شامل کردیئے ہیں جن کی قرآنِ کریم میں کوئی نص موجودنہیں،جیسے احکامِ رضاعت کی تفصیل،وراثت کے بعض احکام،پھوپی،بھتیجی اورخالہ بھانجی کو بیک وقت نکاح میں رکھنے کی تحریم اورایسے ہی کئی دیگر احکام جوسنّت وحدیثِ نبوی ﷺ میں تو موجود ہیں لیکن کتابُ اللہ میں ان کا کوئی ذکرنہیں۔

وُجوبُ العمل بالسنّۃ (بالحدیث)

یہاں ہم بعض ایسے آثار ذکر کر رہے ہیں جو حدیث وسنّت کی تعظیم اور وجوبُ العمل بالسنّہ سے متعلق صحابہ کرام رضی اللہ عنہم، تابعینِ عظام اور اُن کے بعد آنے والے اہلِ علم سے مروی ہے۔

آثارِ صحابہ رضی اللہ عنہم کی روشنی میں:

(۱) صحیحین میں حضرت ابوہریرہ رضی اللہ عنہ کی حدیث ہے، وہ کہتے ہیں جب رسول اللہ صلی اللہ علیہ وسلم نے وفات پائی اور بعض عرب مرتد ہو گئے تو حضرت ابوبکر صدیق رضی اللہ عنہ نے فرمایا:

(لَأُقَاتِلَنَّ مَنْ فَرَّقَ بَيْنَ الصَّلٰوةِ وَالزَّكٰوةِ)

''جس کسی نے نماز اور زکوٰۃ میں فرق کیا میں اس سے جنگ کروں گا۔''

حضرت عمر فاروق رضی اللہ عنہ نے انہیں کہا کہ آپ ان مرتدّوں کے ساتھ کیسے جنگ کر سکتے ہیں؟ جبکہ نبی اکرم صلی اللہ علیہ وسلم کا ارشادِ گرامی ہے:

(اُمِرْتُ اَنْ اُقَاتِلَ النَّاسَ حَتّٰى يَقُوْلُوْا لَا اِلٰهَ اِلَّا اللّٰهُ فَاِذَا قَالُوْهَا عَصَمُوْا مِنِّیْ دِمَائَهُمْ وَاَمْوَالَهُمْ اِلَّا بِحَقِّهَا وَحِسَابُهُمْ عَلَى اللّٰهِ) ۲۵

''مجھے حکم دیا گیا ہے کہ لوگوں کے ساتھ اُس وقت تک جنگ کروں جب تک کہ وہ لَا اِلٰهَ اِلَّا اللّٰه نہ کہہ دیں اور جب وہ یہ اقرارِ توحید کر لیں تو انہوں نے مجھ سے اپنے جان و مال محفوظ کر لیئے سوائے کسی حق (قصاص

۲۵ صحیحین وسنن اربعہ، مستدرک حاکم ۔ یہ حدیث متواتر ہے۔ صحیح الجامع ۱/ ۲۹۲، ۲۹۳، الصحیحہ: ۳۰۳، ۳۰۴، ۴۰۷، ۴۰۸

وغیرہ) کے اور انکا (اخروی) حساب اللہ کے پاس ہے۔''۲۶

حضرت ابوبکر صدیق رضی اللہ عنہ نے فرمایا:

(اَلَیسَ الزَّکوٰۃُ مِنْ حَقِّهَا وَاللّٰهِ لَوْ مَنَعُوْنِیْ عِقَالًا کَانُوْا یُؤَدُّوْنَهَا اِلٰی رَسُوْلِ اللّٰهِ صلی اللہ علیہ وسلم لَقَاتَلْتُهُمْ عَلٰی مَنْعِهَا)

''کیا زکوٰۃ اس کے حق میں سے نہیں؟ اللہ کی قسم! اگر انہوں نے اُونٹ کا ایک گھٹنا باندھنے والی رسی بھی مجھ سے روکی جو وہ رسولُ اللہ صلی اللہ علیہ وسلم کو دیا کرتے تھے تو میں اس پر اُن سے جنگ کروں گا۔''

حضرت عمرِ فاروق رضی اللہ عنہ کہتے ہیں کہ تب مجھے علم ہوگیا کہ اللہ تعالیٰ نے قتال کے لیئے حضرت ابوبکر رضی اللہ عنہ کا سینہ کھول دیا ہے۔ اور مجھے علم ہو گیا کہ حق بھی یہی ہے۔ دیگر صحابہ کرام رضوان اللہ علیہم اجمعین نے بھی اس معاملہ میں حضرت ابوبکر صدیق رضی اللہ عنہ کی پیروی کی اور مرتدّ ین کے ساتھ قِتال و جہاد کیا، یہاں تک کہ انھیں واپس اسلام میں لوٹا یا اور جو ارتداد پر مُصرّ رہا، اسے قتل کر دیا۔ (بخاری و مسلم)

اس واقعہ میں سنّتِ رسول صلی اللہ علیہ وسلم کی تعظیم اور اس کے واجبُ العمل ہونے کی واضح دلیل موجود ہے۔

(۲) ایک مرتبہ حضرت ابوبکر صدیق رضی اللہ عنہ کے پاس ایک دادی آئی جو پوتے کی وراثت سے اپنے حصے کے متعلق پوچھ رہی تھی۔ حضرت صدیقِ اکبر رضی اللہ عنہ نے اُسے کہا: کتابُ اللہ کی رو سے تو تیرے حصے میں کچھ نہیں آتا اور میں یہ نہیں جانتا کہ رسولُ اللہ صلی اللہ علیہ وسلم نے تیرے لیئے کسی حصّے کا

۲۶ ایک مصری عالم عزالدّ ین بلیق نے اس متواتر حدیث کو اپنے بعض نظریات کے تحفظ کیلیئے ردّ کیا ہے۔ جبکہ صحیح حدیث کو ردّ کرنے والے کے بارے میں شرعی حکم معروف ہے۔ (دیکھیئے: سابقہ صفحہ) اور جو شخص صحیح وثابت سے بھی اعلیٰ درجے کی ''متواتر'' حدیث کا انکار کر دے۔ اسکا ٹھکانا کیا ہوگا؟ یہ کتنی مضحکہ خیز اور باعثِ آہ و بکاء حرکت ہے۔ (منقول از صحیح الجامع ۱/۲۹۲، [حاشیہ]۔ مترجم)

فیصلہ فرمایا ہو، البتہ میں لوگوں سے پوچھوں گا۔ پھر حضرت ابوبکر صدیق رضی اللہ عنہ نے صحابۂ کرام رضی اللہ عنہم سے دریافت فرمایا، تو ان میں سے بعض صحابہ رضی اللہ عنہم نے ان کے سامنے اس بات کی شہادت دی کہ نبی اکرم صلی اللہ علیہ وسلم نے دادی کو چھٹا حصّہ (1/6) عطاء فرمایا ہے۔ یہ شہادت مل جانے پر انہوں نے بھی دادی کے لیۓ یہی فیصلہ صادر فرمایا۔

(۳) حضرت عمرِ فاروق رضی اللہ عنہ اپنے عُمّال (گورنروں، قاضیوں اور کارندوں) کو یہ وصیّت فرمایا کرتے تھے کہ لوگوں میں کتاب اللہ کے مطابق فیصلہ کریں اور اگر کسی قضیہ (کیس) کی نصوص کتابُ اللہ میں موجود نہ ہوں تو فیصلہ کرنے کے لیۓ سنّتِ رسول صلی اللہ علیہ وسلم کو پیشِ نظر رکھیں۔

(۴) جب **املاص المرأة** ''یعنی کسی کا حاملہ عورت پر زیادتی کرنا جس سے اسکا حمل ساقط ہوجائۓ'' کے حکم میں حضرت عمرِ فاروق رضی اللہ عنہ کو اشکال ہوا تو انہوں نے صحابہ کرام رضی اللہ عنہم سے اس سلسلہ میں دریافت فرمایا، حضرت محمد بن مسلمہ اور حضرت مغیرہ بن شعبہ رضی اللہ عنہما نے ان کے پاس یہ شہادت دی کہ نبی اکرم صلی اللہ علیہ وسلم نے ایسے کیس میں زیادتی کرنے والے پر بطورِ حرجانہ ایک غلام یا ایک لونڈی دینے کا حکم فرمایا ہے تو حضرت فاروقِ اعظم رضی اللہ عنہ نے بھی یہی فیصلہ کیا۔

(۵) جب حضرت عثمان رضی اللہ عنہ کو ''**اعتداد المرأة**'' کے حکم میں اشکال ہوا کہ وہ اپنے شوہر کی وفات کے بعد کب تک اُس گھر میں رہے؟ تو انھیں حضرت ابوسعید رضی اللہ عنہ کی بہن فریعہ بنت مالک بن سنان رضی اللہ عنہا نے خبر دی کہ نبی اکرم صلی اللہ علیہ وسلم نے اسے حکم فرمایا تھا کہ نوشتۂ تقدیر کے اپنی اجل (مدت) کو پہنچنے تک اپنے شوہر کے گھر میں رہے۔ یہ سن کر حضرت ذوالنورین رضی اللہ عنہ نے بھی یہی فیصلہ صادر فرمایا۔

(٦) اسی طرح حضرت عثمان رضی اللہ عنہ نے ولید بن عقبہ پر شراب نوشی کی حد قائم کرنے میں سنّتِ رسول صلی اللہ علیہ وسلم کے مطابق فیصلہ کیا۔

(۷) جب حضرت علی رضی اللہ عنہ کو یہ اطلاع پہنچی کہ حضرت عثمان رضی اللہ عنہ حج تمتُّع سے روکتے ہیں تو حضرت علی رضی اللہ عنہ نے حجِ تمتُّع کی نیّت کر لی اور فرمایا:

(لَآاَدَعُ سُنَّةَ رَسُوْلِ اللّٰهِ لِقَوْلِ اَحَدٍ مِّنَ النَّاسِ)

''لوگوں میں سے کسی کے قول کے پیچھے لگ کر میں سنّتِ رسول صلی اللہ علیہ وسلم کو ہرگز نہیں چھوڑوں گا۔''

(۸) جب کچھ لوگوں نے حضرت ابن عباس رضی اللہ عنہما پر حضرت ابوبکر و عمر رضی اللہ عنہما کے قول کی بناء پر حجِ مفرد کو پسند کرنے کی حجّت قائم کرنا چاہی تو حضرت ابن عباس رضی اللہ عنہما نے فرمایا:

(يُوْشِكُ اَنْ تَنْزِلَ عَلَيْكُمْ حِجَارَةٌ مِّنَ السَّمَآءِ اَقُوْلُ قَالَ رَسُوْلُ اللّٰهِ صلی اللہ علیہ وسلم وَتَقُوْلُوْنَ قَالَ اَبُوْبَكْرٍ وَعُمَرُ)

''قریب ہے کہ تم پر آسمان سے پتھر برسیں، میں کہتا ہوں کہ رسولُ اللہ صلی اللہ علیہ وسلم نے فرمایا اور تم کہتے ہو کہ ابوبکر عمر (رضی اللہ عنہما) نے فرمایا۔''

جب حضرت ابوبکر و عمر رضی اللہ عنہما کے قول کی بناء پر سنّت کی مخالفت کرنے والوں پر سزائے آسمانی کے نازل ہونے کے خدشے کا اظہار کیا جا رہا ہے، تو اس شخص کا کیا حال ہوگا جو ان دونوں کے سوا کسی دوسرے (غیر خلیفہ و غیر صحابی) شخص کے قول کی بناء پر یا محض اپنی ذاتی رائے و اجتہاد کے بل بوتے پر سنّت کی مخالفت کرے۔

(۹) جب بعض لوگوں کا حضرت عبداللہ بن عمر رضی اللہ عنہما کے ساتھ کسی سنّت کے معاملہ میں تنازعہ ہوا تو حضرت عبداللہ بن عمر رضی اللہ عنہما نے فرمایا:

(هَلْ نَحْنُ مَاْمُوْرُوْنَ بِاِتِّبَاعِ النَّبِيِّ اَمْ بِاِتِّبَاعِ عُمَرَ)

''کیا ہم نبی اکرم صلی اللہ علیہ وسلم کی اتّباع پر مامور ہیں یا کہ اتّباعِ عمر رضی اللہ عنہ پر؟''

(۱۰) حضرت عمران بن حصین رضی اللہ عنہما کوئی سنت بیان کر رہے تھے کہ کسی نے کہا:''ہمیں کتاب اللہ سے کچھ بتایئے۔''تو حضرت عمرانؓ غضب ناک ہو گئے اور فرمایا:

(اِنَّ السُّنَّةَ هِیَ تَفْسِیْرُ کِتَابِ اللّٰهِ وَلَوْلَا السُّنَّةُ لَمْ نَعْرَفْ اَنَّ الظُّهْرَ اَرْبَعٌ وَالْمَغْرِبَ ثَلَاثٌ وَالْفَجْرَ رَکْعَتَانِ وَلَمْ نَعْرَفْ اَحْکَامَ الزَّکٰوۃِ)

''بے شک سنتِ رسول ﷺ کتاب اللہ کی تفسیر ہے،اور اگر سنت نہ ہوتی تو ہمیں یہ بھی معلوم نہ ہو پاتا کہ ظہر کے چار،مغرب کے تین اور فجر کے دو فرض ہیں اور نہ ہی ہمیں احکام زکوٰۃ کا پتہ چلتا۔''

ایسے ہی دیگر احکام کی تفصیلات بھی سنّت(حدیث)میں موجود ہیں۔

تعظیمِ سنت،اُس پر عمل کے وجوب اور اس کی مخالفت سے تحذیر وتنبیہ پر دلالت کرنے والے ایسے ہی بے شمار واقعات وقضیے صحابہ کرام رضوان اللہ علیہم سے منقول ہیں۔

(۱۱) ایسے ہی قضیہ جات میں سے ایک یہ بھی ہے کہ حضرت عبداللہ بن عمر رضی اللہ عنہما نے جب نبی اکرم ﷺ کی یہ حدیث بیان کی:

(لَا تَمْنَعُوْا اِمَاءَ اللّٰهِ مَسَاجِدَ اللّٰهِ)

''اللہ کی بندیوں(عورتوں)کو اللہ کی مسجدوں میں جانے سے نہ روکو۔''

اس پر اُن کے کسی بیٹے(بلال)نے کہا:اللہ کی قسم! ہم انہیں روکیں گے،تو حضرت عبداللہ بن عمر رضی اللہ عنہما اس پر سخت غضب ناک ہوئے،اسے سخت سُست کہا اور یہ بھی کہا:

((اَقُوْلُ قَالَ رَسُوْلُ اللّٰهِ ﷺ وَتَقُوْلُ وَاللّٰهِ لَنَمْنَعُهُنَّ))

''میں کہہ رہا ہوں کہ رسول اللہ ﷺ نے فرمایا(کہ نہ روکو)اور تم کہتے ہو کہ اللہ کی قسم! ہم انہیں روکیں گے۔''

(۱۲) حضرت عبداللہ بن مغفل مزنی رضی اللہ عنہ، جو اصحابِ رسول ﷺ میں سے تھے، انہوں نے جب اپنے کسی قریبی رشتہ دار کو غلیل کے ساتھ نشانہ بازی کرتے ہوئے دیکھا تو اس سے روکا اور اسے کہا:

((اَنَّ النَّبِیَّ ﷺ نَھٰی عَنِ الْخَذَفِ وَقَالَ اِنَّہٗ لَا یُصِیْبُ صَیْدًا وَلَا یَنْکَأُ عَدُوًّا وَلٰکِنَّہٗ یَکْسِرُ السِّنَّ وَیَفْقَأُ الْعَیْنَ)) (حدیث)

’’نبی اکرم ﷺ نے غلیلہ بازی سے منع کیا اور فرمایا یہ نہ تو شکار کو مار سکتا ہے نہ ہی دشمن کی خونریزی (قتل یا زخمی) کرنے کی صلاحیّت رکھتا ہے، سوائے اس کے کہ یہ دانت توڑتا اور آنکھ پھوڑتا ہے۔‘‘

یہ خبر دے چکنے کے بعد پھر کبھی اپنے اُس عزیز کو غلیلہ مارتے دیکھا تو کہا:

((وَاللّٰہِ لَا اُکَلِّمُکَ اَبَدًا اُخْبِرُکَ اَنَّ رَسُوْلَ اللّٰہِ ﷺ نَھٰی عَنِ الْخَذَفِ ثُمَّ تَعُوْدُ))

’’اللہ کی قسم! میں تجھ سے کبھی نہیں بولوں گا، میں تمہیں بتا رہا ہوں کہ غلیلہ بازی سے رسول اللہ ﷺ نے منع فرمایا ہے۔ اور تو (سن چکنے کے بعد) پھر اسی کام کا اعادہ کرتا ہے۔‘‘

آثارِ تابعین و آئمہ رحمہم اللہ کی روشنی میں

(۱) امام بیہقیؒ نے جلیل القدر تابعی حضرت ایوب سختیانیؒ کے یہ الفاظ نقل کیئے ہیں:

(اِذَا حَدَّثْتَ الرَّجُلَ بِسُنَّۃٍ فَقَالَ دَعْنَا مِنْ ھٰذَا وَاَنْبِئْنَا عَنِ الْقُرْآنِ فَاعْلَمْ اَنَّہٗ ضَآلٌّ)

’’جب آپ کسی کے سامنے سنت کا بیان کریں اور وہ کہے کہ اسے چھوڑو، مجھے قرآن سے کچھ بتاؤ تو سمجھ لیں کہ وہ شخص گمراہ ہے۔‘‘

(۲) امام اوزاعیؒ فرماتے ہیں:

(اَلسُّنَّةُ قَاضِيَةٌ عَلَى الْكِتَابِ)

''سنّتِ رسول ﷺ کتابُ اللہ پر فیصلہ دینے والی ہے۔''

امام اوزاعیؒ نے یہ نہیں کہا کہ **اَلْكِتَابُ قَاضٍ عَلَى السُّنَّةِ** کہ کتابُ اللہ، سنّت پر فیصلہ دینے والی ہے۔ مطلب یہ ہے کہ سنّت (حدیث) میں ہر چیز کا بیان بالتفصیل موجود ہے۔ جوکہ کتابُ اللہ میں صرف بِالا جمال ہے۔ اور وہ چیز جسے کتابُ اللہ نے مطلق بیان کیا ہے، سنّتِ رسول ﷺ نے اس کی تقیید کی ہے۔ اور بعض ایسے احکام بھی سنّت میں موجود ہیں جن کا کتابُ اللہ میں سرے سے ذکر ہی نہیں ہے۔ جیسا کہ ارشادِ ربّانی ہے:

﴿وَاَنْزَلْنَآ اِلَيْكَ الذِّكْرَ لِتُبَيِّنَ لِلنَّاسِ مَا نُزِّلَ اِلَيْهِمْ وَلَعَلَّهُمْ يَتَفَكَّرُوْنَ۝﴾ (سورة النحل:۴۴)

''ہم نے آپ (ﷺ) پر ذکر (قرآن) اتارا کہ آپ (ﷺ) لوگوں پر نازل شدہ کتاب کی وضاحت کریں تا کہ وہ کچھ سوچ بچار کریں۔''

اور نبی اکرم ﷺ کی یہ حدیث پہلے بھی گزری ہے:

((اَلَآ اِنِّی اُوْتِيْتُ الْكِتَابَ وَمِثْلَهُ مَعَهُ))[۲۷]

''خبردار! مجھے کتاب (قرآن) اور اس کے ساتھ ہی اس کی مثل (حدیث) بھی دی گئی ہے۔''

(۳) امام بیہقیؒ نے حضرت عامر شعبیؒ سے نقل کیا ہے کہ انہوں نے بعض لوگوں سے کہا:

(اِنَّمَا هَلَكْتُمْ فِیْ حِيْنِ تَرَكْتُمُ الْاٰثَارَ)

''تم لوگ جب آثار کو چھوڑ دو گے تو ہلاک ہو جاؤ گے۔''

---

۲۷ دیکھیے: ص ۵۔۷۔۶، تخریج ۲۱

اور الآثار سے صحیح احادیث مراد ہیں۔

(۴) امام بیہقی ؒ نے ہی امام اوزاعی ؒ سے نقل فرمایا ہے کہ انہوں نے اپنے کسی ساتھی سے مخاطب ہو کر فرمایا:

(اِذَا بَلَغَكَ عَنْ رَسُوْلِ اللّٰهِ حَدِيْثٌ فَاِيَّاكَ اَنْ تَقُوْلَ بِغَيْرِهٖ فَاِنَّ رَسُوْلَ اللّٰهِ ﷺ كَانَ مُبَلِّغاً عَنِ اللّٰهِ تَعَالٰى)

''جب تمہیں نبی اکرم ﷺ کی کوئی حدیث پہنچ جائے تو خبردار! اس کے سوا کسی دوسرے کے قول کو مت اختیار کرو، کیونکہ رسول اللہ ﷺ تو اللہ کی طرف سے مبلّغ تھے۔''

(۵) بیہقی میں ہی جلیل القدر امام حضرت سفیان بن سعید ثوری ؒ کا ارشاد ہے:

(اِنَّمَا الْعِلْمُ بِالْآثَارِ)

''اصل علم تو علمِ آثار (علمِ حدیث) ہی ہے۔''

(۶) امامِ دارُالہجرت حضرت امام مالک ؒ فرماتے ہیں:

(مَامِنَّا اِلَّا رَادٌّ وَمَرْدُوْدٌ عَلَيْهِ اِلَّا صَاحِبُ هٰذَا الْقَبْرِ (وَيُشِيْرُ اِلٰى قَبْرِ رَسُوْلِ اللّٰهِ ﷺ)

''ہم میں سے کوئی شخص بھی ایسا نہیں جو ردّ نہ کرے یا جس پر اس کی بات ردّ نہ کی جاسکتی ہو۔ سوائے اس قبر والے کے۔ (اور یہ کہتے ہوئے وہ نبی اکرم ﷺ کی قبرِ مبارک کی طرف اشارہ کیا کرتے تھے)۔''

(۷) امام ابوحنیفہ ؒ فرماتے ہیں:

(اِذَا جَاءَ الْحَدِيْثُ عَنْ رَسُوْلِ اللّٰهِ ﷺ فَعَلَى الرَّأْسِ وَالْعَيْنِ)

''جب رسولُ اللہ ﷺ کی حدیث آجائے تو وہ بسر وچشم ہے۔''

(۸) امام شافعیؒ کا فرمان ہے:

(مَتیٰ رُوِیتُ عَنْ رَسُولِ اللّٰہِ ﷺ حَدِیْثاً صَحِیحاً فَلَمْ آخُذْ بِہٖ فَاُشْھِدُکُمْ اَنَّ عَقْلِی قَدْ ذَھَبَ)

”جب مجھے رسول اللہ ﷺ کی صحیح حدیث پہنچ جائے، پھر بھی میں اسے نہ لوں۔ (اس پر عمل پیرا نہ ہوں) تو میں تمہیں گواہ بناتا ہوں کہ (سمجھ لو کہ) میری عقل کا جنازہ نکل گیا ہے۔“

اور انہی امام شافعیؒ کا ہی ارشاد ہے:

(اِذَا قُلْتُ قَوْلًا وَجَاءَ الْحَدِیْثُ بِخِلَافِہٖ فَاضْرِبُوْا بِقَوْلِی الْحَائِطَ)

”جب میں کوئی بات کہوں اور نبی اکرم ﷺ کی حدیث اس کے مخالف آجائے تو میرے قول کو دیوار پر دے مارو۔“

(۹) امام احمد بن حنبلؒ نے اپنے کسی مصاحب سے کہا:

(لَاتُقَلِّدْنِیْ وَلَا تُقَلِّدْمَالِکاً وَلَا الشَّافِعِیَّ وَخُذْمِنْ حَیْثُ اَخَذْنَا)

”میری تقلید مت کرو اور نہ ہی مالکؒ وشافعیؒ کے مقلّد بنو بلکہ اسی چشمۂ صافیہ (سنتِ نبویہ ﷺ) سے ہدایت حاصل کرو، جہاں سے ہم نے لی ہے۔“ [۲۸]

امام احمد بن حنبلؒ ہی فرماتے ہیں:

---

۲۸ معروف آئمۂ مذاہبِ اربعہ اور دیگر آئمہ وعلماء کے اتباعِ کتاب وسنّت اور ترکِ تقلید کا پتہ دینے والے مستند اقوال کی باحوالہ تفصیل کیلیئے محدّثِ عصر علّامہ البانی کی کتاب ”صفۃ صلوٰۃ النبی ﷺ“ کے طویل و وقیع مقدمہ کا مطالعہ مفیدِ مطلب ہے۔ یہ کتاب بھی اردو میں چھپ چکی ہے اور اسکے اس معروف ومفید مقدمہ کو بھی مستقل کتابی شکل میں شائع کیا جاچکا ہے۔

(عَجِبْتُ لِقَوْمٍ عَرَفُوا الْاَسْنَادَ وَصِحَّتَهٗ عَنْ رَسُوْلِ اللّٰہِ ﷺ يَذْهَبُوْنَ اِلٰى رَأْيِ سُفْيَانَ وَاللّٰهُ سُبْحَانَهٗ يَقُوْلُ:)

﴿فَلْيَحْذَرِ الَّذِيْنَ يُخَالِفُوْنَ عَنْ اَمْرِهٖ اَنْ تُصِيْبَهُمْ فِتْنَةٌ اَوْ يُصِيْبَهُمْ عَذَابٌ اَلِيْمٌ﴾ (سورۃ النّور:۶۳)

''مجھے اُس قوم (ان لوگوں) پر تعجب ہے جو اسناد اور اس کی نبی ﷺ تک صحت معلوم کر لینے کے بعد سفیان ثوریؒ کی رائے کو اختیار کرتے ہیں، حالانکہ اللہ تعالیٰ کا ارشاد ہے: ''اُن لوگوں کو نبی ﷺ کی مخالفت سے ڈرنا چاہیئے کہ ایسے میں کسی فتنے میں مبتلا نہ ہو جائیں یا دردناک عذاب کا شکار نہ ہو جائیں۔''

پھر امام صاحب نے فرمایا:

''کیا تمہیں معلوم ہے کہ اس آیت میں فِتْنَةٌ سے کیا مراد ہے؟ فِتْنَةٌ سے مراد شرک ہے۔ جب کوئی شخص رسول اللہ ﷺ کے کسی ارشاد کو ردّ کرتا ہے تو کیا بعید کہ اس کے دل میں کچھ کجی پیدا ہو جائے جس کے باعث وہ ہلاک ہو جائے۔''

(۱۰)　امام بیہقیؒ نے جلیل القدر تابعی حضرت مجاہد بن جبیرؒ سے نقل کیا ہے، انہوں نے فرمایا کہ اللہ تعالیٰ کا ارشاد ہے:

﴿فَاِنْ تَنَازَعْتُمْ فِيْ شَيْءٍ فَرُدُّوْهُ اِلَى اللّٰهِ وَالرَّسُوْلِ﴾

(سورۃ النسآء:۵۹)

''اگر تم کسی معاملہ میں باہمی تنازعہ میں مبتلا ہو جاؤ تو اسے اللہ اور اس کے رسول (ﷺ) کی طرف لوٹا دو۔''

انھوں نے اِن کلمات کا معنیٰ بیان کرتے ہوئے فرمایا:

(اَلـرَّدُّ اِلٰی الـلّٰـهِ الـرَّدُّ اِلٰی کِتَـابِهٖ وَالرَّدُّ اِلٰی الرَّسُوْلِ الرَّدُّ اِلٰی السُّنَّةِ)

’’اللہ کی طرف لوٹانے سے مراد کتابُ اللہ کی طرف لوٹانا اور رسول (ﷺ) کی طرف لوٹانے سے مرادسنّتِ رسول ﷺ کی طرف لوٹانا ہے۔‘‘

(۱۱) امام بیہقیؒ نے ہی ذکر کیا ہے کہ امام زہریؒ نے فرمایا:

(کَانَ مَنْ مَضیٰ مِنْ عُلَمَائِنَا یَقُوْلُوْنَ: اَلْاِعْتِصَامُ بِالسُّنَّةِ نَجَاةٌ)

’’ہمارے علماءِ سلف کہا کرتے تھے کہ سنّت کومضبوطی سے پکڑے رکھنا ہی ذریعۂ نجات ہے۔‘‘

(۱۲) موفّق الدین ابن قدامہؒ نے اپنی کتاب ’’**روضة الـنّـاظر** ‘‘میں ’’اصولِ احکام کا بیان‘‘ کے زیرِ عنوان لکھا ہے:

(وَالْاَصْلُ الثَّـانِیُّ مِنَ الْاَدِلَّةِ سُـنَّةُ رَسُـوْلِ اللّٰـهِ ﷺ وَقَوْلُ رَسُـوْلِ اللّٰهِ ﷺ حُجَّةٌ لِلدَّلَالَةِ الْمُعْجِزَةِ عَلٰی صِدْقِهٖ وَاَمْرِ اللّٰهِ بِطَاعَتِهٖ وَتُحْذِیْرِهٖ مِنْ مُخَالِفَةِ اَمْرِهٖ)

’’مصادرِ دلائل میں سے سنّت ِ رسول ﷺ اور آپ ﷺ کا قول (حدیث) آپ ﷺ کے صدق پر پائی جانے والی معجزانہ دلالت، آپ ﷺ کی اطاعت پر اللہ کے حکم اور آپ ﷺ کی مخالفت سے تحذیر ووعیدِ الٰہی کی بناء پر دلیل وحجّت ہے۔‘‘

(۱۳) حافظ ابن کثیرؒ نے اس ارشادِ الٰہی:

﴿فَلْيَحْذَرِ الَّذِيْنَ يُخَالِفُوْنَ عَنْ اَمْرِهٖ اَنْ تُصِيْبَهُمْ فِتْنَةٌ اَوْ يُصِيْبَهُمْ عَذَابٌ اَلِيْمٌ٥﴾ (سورة النّور:٦٣)

''ان لوگوں کو ڈرنا چاہیئے جو نبی ﷺ کے حکم کی مخالفت کرتے ہیں کہ انہیں کوئی فتنہ نہ گھیر لے یا وہ دردناک عذاب میں نہ مبتلا ہو جائیں۔''

حافظ ابن کثیرؒ نے اس آیت کی تفسیر بیان کرتے ہوئے لکھا ہے:

عَنْ اَمْرِهٖ یعنی رسول اللہ ﷺ کے حکم سے، اور یہاں حکم سے مراد آپ ﷺ کی راہ، منہج، طریقہ، سنّت اور شریعت ہے۔ پس تمام اقوال واعمال کا نبی اکرم ﷺ کے اقوال واعمال سے موازنہ کیا جائے۔ جو اُن کے موافق ہو وہ قابلِ قبول اور جو ان کے مخالف ہو وہ اُسی کے قائل وفاعل پر ردّ کر دیا جائیگا، وہ چاہے کوئی بھی کیوں نہ ہو، کیونکہ بخاری ومسلم وغیرہ میں نبی ﷺ کی صحیح حدیث موجود ہے کہ آپ ﷺ نے فرمایا:

((مَنْ عَمِلَ عَمَلاً لَيْسَ عَلَيْهِ اَمْرُنَا فَهُوَرَدٌّ))

''جس نے کوئی ایسا کام کیا، جسکا ہم نے حکم نہیں دیا، وہ نامقبول ہے۔'' ۲۹

اس مذکورہ آیت کا مطلب یہ ہوا کہ شریعتِ محمدی ''**علٰی صاحبها الصّلوٰة والسّلام**'' کی ظاہری وباطنی ہر طرح کی مخالفت کرنے والوں کو ڈرنا چاہیئے۔

---

۲۹ مختصر مسلم: ۱۲۳۷، ابو داؤد، دارقطنی اور مسند احمد(۶/ ۷۳). صحیح الجامع ۱۰۹۳/۲ غایة المرام للالبانی: ۵

اِسی مفہوم کی ایک دوسری حدیث میں ارشادِ نبوی ﷺ ہے:

((مَنْ اَحْدَثَ فِیْ اَمْرِ نَا هٰذَا مَا لَيْسَ مِنْهُ فَهُوَ رَدٌّ))(بخاری، مسلم، ابوداؤد، ابن ماجه، دارقطنی، بیهقی، طیالسی، مسند احمد. صحیح الجامع ۲/ ۱۰۹۳، غاية المرام تخریج الحلال والحرام للالبانی :۵)

''جس نے ہمارے دین میں کوئی نئی چیز پیدا کی جسکا ہم نے حکم نہیں دیا، وہ مردود و نا قبول ہے۔''

اَنْ تُصِيبَهُمْ فِتْنَةٌ ''کہ وہ کسی فتنے میں مبتلا نہ ہو جائیں۔'' یعنی اُن کے دلوں میں کفر یا نفاق یا بدعت جاگزیں نہ ہو جائے۔ اَوْ يُصِيبَهُمْ عَذَابٌ اَلِيْمٌ ''یا وہ کسی المناک عذاب کا شکار نہ ہو جائیں۔'' دنیا میں یہ عذاب قتل، حدو تعزیز یا جیل وغیرہ کی شکل میں ہوگا، جیسا کہ امام احمد بن حنبلؒ عبدالرزاق سے، وہ معمر سے، وہ ہمام بن منبّہ سے اور وہ حضرت ابو ہریرہ رضی اللہ عنہ سے حدیث بیان کرتے ہیں کہ رسول اللہ ﷺ نے ارشاد فرمایا:

(مَثَلِیْ وَمَثَلُكُمْ كَمَثَلِ رَجُلٍ اِسْتَوْقَدَ نَارًا فَلَمَّا اَضَاءَ تْ مَا حَوْلَهَا جَعَلَ الْفَرَاشُ وَهٰذِهِ الدَّوَابُّ اللَّاتِیْ يَقَعْنَ فِی النَّارِ يَقَعْنَ فِيْهَا وَجَعَلَ يَحْجِزُهُنَّ وَيَغْلِبْنَهٗ فِيْهَا: قَالَ ﷺ: فَذَالِكَ مَثَلِیْ وَمَثَلُكُمْ اَنَا آخِذٌ بِحُجَزِكُمْ عَنِ النَّارِ هَلُمَّ عَنِ النَّارِ فَتَغْلِبُوْنَنِیْ وَتَقْتَحِمُوْنَ فِيْهَا)) [۳۰]

''میری اور تمہاری مثال اُس آدمی کی طرح ہے جس نے آگ جلائی اور اسکا گرد و پیش روشن ہو گیا تو یہ پروانے، یہ کیڑے مکوڑے اور پتنگے جو عموماً آگ میں گرتے ہیں، وہ آ کر آگ میں گرنے لگے۔ وہ انھیں بچانے اور آگ سے دور رکھنے کی کوشش کرتا رہتا ہے، مگر وہ اس پر غالب آجاتے اور آگ میں جا گرتے ہیں۔ آپ ﷺ نے فرمایا: میری اور تمہاری مثال بھی ایسی ہی ہے۔ میں تمہیں آگ سے روکتا ہوں کہ اس سے ہٹ جاؤ، مگر تم مجھ پر غالب آجاتے اور آگ میں جا گرتے ہو۔''

(۱۴) امام سیوطیؒ نے اپنے رسالہ ''مفتاح الجنّة فی الاحتجاج بالسّنة'' میں کہا ہے:
''اللہ تعالیٰ آپ پر رحم فرمائے! یہ بات ذہن نشین کرلیں کہ جس شخص نے نبی اکرم ﷺ کی

---

[۳۰] بخاری، مختصر مسلم: ۱۵۴۴، ترمذی. صحیح الجامع ۲/۱۰۲۰

اصولِ حدیث میں پائی جانے والی کسی معروف قولی یا فعلی حدیث کی حُجّیت کا انکار کیا، وہ کافر اور دائرۂ اسلام سے خارج ہوگیا۔ قیامت کے دن اُس کا حشر یہود و نصاریٰ یا کافر قوموں میں سے، جس کے ساتھ اللہ چاہے، ہوگا۔

الغرض:

ایسے ہی تعظیمِ سنّت وحدیثِ رسول ﷺ، اُس پر عمل کرنے کے وجوب اور اُس کی مخالفت سے تحذیر وتنبیہہ کے متعلق صحابۂ کرام رضوان اللہ علیہم اجمعین، تابعینِ عظام رحمہم اللہ اور ان کے بعد آنے والے اہلِ علم وفضل آئمہ وعلماء کے بیشمار آثار موجود ہیں۔ لیکن طالبِ حق کے لیئے یہی کافی وشافی ہیں۔

> اللہ سے ہماری دعاء ہے کہ ہمیں اور تمام مسلمانوں کو ایسے تمام اعمال کی توفیق بخشے جو اُس کی رضا کا باعث ہیں اور ایسے تمام افعال سے محفوظ رکھے جو اس کے غضب کا سبب ہیں اور ہم سب کو صراطِ مستقیم اور جادۂ حق کی ہدایت عطا فرمائے، وہ بہت ہی قریب سے سننے والا اور قبول کرنے والا ہے۔‘‘

وَصَلَّى اللّٰهُ عَلَيْهِ وَسَلَّمَ عَلٰى عَبْدِهٖ وَرَسُوْلِهٖ نَبِيِّنَا مُحَمَّدٍ وَعَلٰى آلِهٖ وَاَصْحَابِهٖ وَاَتْبَاعِهٖ بِاِحْسَانٍ اِلٰى يَوْمِ الدِّيْنِ.

تالیف: (علاّمہ) عبدالعزیز بن عبداللہ بن باز
الرئیس العام لادارات البحوث
العلمیه والافتاء والدعوة والارشاد
(الریاض، سعودی عرب)

ترجمہ: ابوعدنان محمد منیر قمر نواب الدین
ترجمان سپریم کورٹ، الخبر
وداعیہ متعاون مراکز دعوت وارشاد
الدمام، الخبر والظہران (سعودی عرب)